아직, 조금 간절합니다

아직, 조금
간절합니다

주명숙 디카시집

시인동네

시인의 말

있는 듯 없는 듯 사랑하기란 쉽지 않다.

그 두께와 깊이를 끊임없이 드러내고자 했다.

이제 스며들 즈음이다.

천천히 깊숙이 시(詩)의 본성에 스며들었으면 좋겠다.

2021년 가을

주명숙

차례

제2부
조금 뒤쳐져도 괜찮아

제3부
아직은 꽃인 줄 알았어요

제4부
당신의 하루를 기억합니다

제1부

슴베의 꿈

동행

혼자서 놀 줄 아는 사람이 잘 늙어 간다고 한다

커피와 책과 창밖의 풍경이 어제보다 한 뼘 깊어졌다

길

그쪽으로 건너가는 일이 쉽기야 하겠어요

마음이야 더 말해 뭐 하겠어요

길이란 이어져 있을 때 길이라지만

오래 흐르다 보면 마음도 길이 되겠지요

공양

모여 피는 것들은 주로 발밑에 있어요
대문 열린 마당으로 가는 돌계단

햇살 한 줌 얻어 쥔 아이들이 까르르 웃어요

독백

길은 아직 어두워 적막한데
새벽이 오는 소리 들으며 나를 만나러 갈 수 있을까
하루 중 가장 순한 발걸음일 수 있을까

멍, 이라는 말은

일종의 일시정지 같은 거라고 할까

생각이라는 기능을 멈추게 하는
마법의 시간이지

나만 바라보라고
너를 잊어버리는 골든타임이지

문

바깥은 넓고 안은 어둡다
바라보는 대상은 거의 바깥에 있고
대부분 선명하다, 라고 가정한다

안과 밖은 목적을 기준으로 열리지만
사실은 사방이 문이다

봄

닿을 듯 스치는 물결에 꽃의 지문이 찍힐 때
소스라치게 울리는 바람의 경보음

☒파손주의

사리

부처 닮은 꽃이
부처 닮은 삶을 내려놓고

열반에 든다

산사의 발효법

어느 뚜껑을 열어도 불심이 익어가겠지
어느 대문을 열어도 쌀독이 포도청이겠지

불경 소리 이슬처럼 받아 마시고
사는 일이 장맛처럼 깊어지겠지

살다 보면 살아지겠지

슴베의 꿈

돌담집 문을 열고 들어가 죽치고 앉아

마늘이랑 쑥이랑 먹으며 나를 써볼까

백일만 죽어라 견디면 시가 나를 써줄까

시가 내게로 오면 진짜 시인이 될 수 있을까

썰물

자식 남편 수발에서 한소끔 놓여나니
꽃 같은 시절 다 지나가 버렸네

시집오던 길 모래톱에 꽉꽉 묻어두고
열여덟 처녀로 어여쁘게 흐르고 계시네

RAPTOR

쉼표가 필요해

깜박이가 없어 노선을 바꿀 수도 없잖아요
시간이든 그리움이든 추억이든
굴러가는 것들은 스스로 멈출 수가 없잖아요

염화미소

배롱나무 꽃길을 실컷 걸었더니 배가 불렀다

한 송이 꽃과 한 번의 미소가 마음으로 전해지고

번뇌를 눕혀놓은 석가모니가 잠든 사이

천진한 어린 부처, 환하다

응시

꾹 다문 채 아무도 알아채지 못하게
아무 일도 없다는 듯이

퇴근길

버스정류장에는 아직 버스가 닿지 않았다

빗방울이 지나간 뒤의 텅 빈 고요
까만 통유리 속으로 사라지고 싶다

가끔은
나도 나에게 일방적이고 싶다

집착

나는 한번 물었다지만 당신은 이미 여러 번 답했을 테지요
사랑을 증명하듯 빈틈을 메워댔겠지요
담장에 밀어 넣은 게 사랑이라고 굳게 믿었겠지요

푸른 날

한나절쯤 바라만 보고 싶을 때 있지요
두 눈이 시릴 만큼 서러워지면
시퍼렇게 날 선 시간을 흘려보낼 수 있지요

푸른 날이 있겠지요

해빙

첫 새벽이 소복하게 돋아오는 시간

종유석 같은 등뼈는 투명해져 오고

상처는 아프게 힘을 얻는다

기도

무언가를 오래 바라보는 순간들이 많아져
자주 마음이 멈추곤 한다

노을이 질 때 걸음을 멈추기만 해도*
기도하는 것이라는 구절을 읽었다

---

*이문재 시인의 시, 「오래된 기도」에서 인용.

회한

날 때부터 이미 백년을 살아온 것 같은 생각이 들 때가 있다

어쩌면 자꾸 그 자리로 돌아가고 있는 것도 같다

사람의 본성은 월식 같다는데

누군가 내 마음을 물어올 때, 비로소 궁금해진다

제2부

조금 뒤처져도 괜찮아

가시장미

좀 이기적으로 살아도 괜찮다고 적었다
너무 일찍 철들지 말라고 적었다
가족이라는 울타리에 갇혀
가시장미로만 피어나지 말라고 적었다

가족

부족해도 괜찮아
조금 뒤처져도 괜찮아
모든 시작은 모두의 처음이란다
걱정하지 마
너의 자리는 늘 우리 곁이야

간절

닿지 않았다고 진심이 아닌 건 아니지요
덩굴손이라도 뻗어 다가가고 싶었지만
곁 주지 않는 건 그대였으니
생각이 다 말라버린 나는
목탁처럼 그저 울리는 중이지요

골다공증

실하게 잘 익었다는 말은 있어도
실하게 잘 늙었다는 말은 들은 적 없다

그리움

그리운 것들은 항상 먼 곳에 있어
그저 묵묵히 바라보기만 합니다

당신의 안부가 궁금합니다

사랑의 습성

모계사회 부족이라서 일처다부제라는데
농사도 뒷전인 사내 애첩은
오직 한 사람만을 위해 치장한답니다

세상의 중심은 딱 한 사람이랍니다

늙은 큰애기 유치원 가다

영감님이 생전에 불러주셨다는 애칭
늙은 큰애기

진짜 애기가 되어 유치원 간다
못 살아본 세상
참말로 재미지게 살아가는 중이다

마음의 두레박

물을 길어 쌀을 씻고 옷가지를 헹구었을
우물의 밑바닥 같은 마당은 고요하다

마음의 두레박 길게 늘여
풍덩풍덩,
딱 한나절만 놀다 오고 싶다

비 그친 오후에

여자가 보아도 예쁜 여자가 있다

이목구비 또렷하지 않아도
살빛 곱지 않아도

비양도 돌탑

섬 속의 섬에 돌도 많지요
돌 쌓은 사람들 사연도 많지요
어깨에 돌탑을 얹은 채 수평선만 바라보지요
뒷모습만 저리도 지극하지요

사위 사랑

우리 사위 생일축하하네
항상 건강하고 술도좀 줄이고
건강관리 잘하소
나는 해줄것 우리진서아빠 좋아하는
떡박에 해줄것 없네 항상
고마운 우리사위 사랑해

쌈짓돈

자식 밥 먹이듯 한 술 한 술 떠 먹여

배 터지게 살찐 밥상 훈장처럼 차려놓고서

어머니는 자꾸 셈이 맞지 않으십니다

10000
10000
10000
1000
5000
한국은행
오천원
JC 0110114 E
5000
50000

안부

기억은 늘 그 언저리를 맴돌아요
잃어버린 듯 잊어버린 듯
멀리 돌아와 가만히 서성거립니다

그리움은 저 너머에 있습니다

짝사랑

내 진심 절반이 뚝 잘려나갔지만
초록을 잃지 않을 거야

허공에서부터 다시 시작해
처음 모습으로 너에게 다가갈 거야

팔불출

한 자가 넘는 놈을 낚아 올리느라
등이 휘는 줄도 몰랐으리라
고생은 이미 미끼로 다 던져줬으니
으쓱 자식 자랑하고 싶었으리라

월척이요!

망부석

조금, 아주 조금 부족할 때 간절해진다고 합니다

놓아줘야 할지 놓여나야 할지 망설임 중입니다

아직, 조금 간절합니다

지독한 사랑

거침없는 직진이다
전부를 걸었다
도발과 도박이 뜨겁게 엉켜서
우주가 휘청 뒤로 밀린다

길냥이 급식소

배고픈 아이들이 밥만 먹고 갈 겁니다
잠깐만 모른 척해 주세요
제발 엎어버리지는 말아 주세요

성혼선언문

한 몸처럼 환하게 빛을 발하겠습니다
하나가 꺼지면 대신 힘을 내겠습니다
결코 기종을 바꾸지 않겠습니다
고쳐 쓰고 아껴 쓰고 다시 써서
희미해질 때까지 해로하겠습니다

자식농사

좋은 엄마가 되고 싶었다고 하니 웃었다
좋은 엄마는 애초에 없다고 한다

엄마로만 있으면 될 일이었다

제3부

아직은 꽃인 줄 알았어요

거리 두기

수관의 욕망을 누른 것은 공존의 한 수

겹치지 않는 거리를 두고
숲속 하늘에 꼬불꼬불 길을 낸다

영역을 넘어서지 않는 간격
그것이 곧 생존이다

권태기

다 안다고 생각했는데
당신의 사각지대는 자꾸 늘어나고

교차되는 감정을 미처 삭이지 못해
끼익,
접촉사고가 끊이지 않으니

비상구

내리막 같은
출구

열렸으면서도 닫힌 당신, 이라는 공간

그래, 거기가 비상구야

마스크 전성시대

멈춤의 시대를 멈추지 않을 기세다

말줄임표 같은 부호를 귀에 걸고
무진장 감정노동 중이다

떼어낼 수 없는 시치미라는 걸
수긍해가는 중이다

CJ 대한통운
WE DESIGN LOGISTICS
DELIVERING TRUST
SAFYOU
세이퓨 마스크
비말차단용
대형 5매입
KF-AD
SAFYOU
FDA
Registration

잔디밭 출입금지
Keep off the grass
清 勿 进 入 草 坪
芝生に立ち入り禁止

반칙의 주체

주인 있는 집 마당에 못을 치다니
매물로 내놓은 적 없고
경매에 붙인 적 없고
하물며 세를 내놓은 적도 없는데
누구 맘대로!

사춘기와 갱년기

허구한 날 조용한 날이 없으니
오늘도 두 여자가 목청껏 짖어댄다

너 요즘 사춘기라고?
난 지금 갱년기야!

실직 1

아직 한창인 줄 알았어요
아직 향기가 남은 줄 알았어요
아직 밥값은 하는 줄 알았어요

아직은 꽃인 줄 알았어요

실직 2

생계, 라는 말의 무게를 가늠하기도 전에

출근한 사무실 휑한 책상 너머로
꺾여버린 아이의 웃음이 댕강 패대기쳐 있어요

아침에 출근하고 저녁에 퇴직했다

육즙이 증발한 아가미는 이미 소리를 잃었다
한솥밥을 먹던 한 쾌의 가장들이
퇴직열차에 담기는 입장권을 받아 들었다
끝이다 아니, 도착했다

어느 별에서 왔니

착지하고 보니, 아뿔싸
흙도 물도 바람도 없는 척박한 땅

여전히 사막여우는 보이지 않고
등짐을 진 어린 왕자는
종일 직진 중이다

우화 1

칠 년을 견뎌 얻은 목숨으로

매미야, 이 여름을 장렬히 살겠구나

우화 2

살겠다고 살아보겠다고 날아보려므나
울어야 젖 주는 세상이니
살겠다고 살아보겠다고 목청껏 울어보려므나

그짝 말고
이짝 이요

이정표

방향을 잃을 때가 있었다
사랑을 잃을 때도 있었다

까딱했으면
나를 잃을 뻔한 적도 있었다

청년주택에 입주하다

콘크리트 경쟁률을 간신히 뚫었어요
35:1의 두께를 천신만고 끝에 열어젖히고
이제 막 짐을 풀었어요
닉네임이 청년임을 인증하라네요

하나 둘 셋
찰칵!

취업준비생

세상은 방수처리 된 사면초가의 방
한 번의 몸짓으로도 단박에 털려 버릴지도 몰라
실시간으로 자아분열을 반복하면서
눈치만 말갛게 굴리는 순간이다

코로나 통치

보이지 않는 것들이 보이는 것들을 통제한다

선을 긋고 다시 선을 지우는
오묘한 지배가 익숙해질 때쯤
삶이 지루해진다

멈춤

희한한 갑질

동네 길 한가운데 콱 박힌 시골 인심
새 쫓는 허수아비도 아니고
몸통만 있는 허깨비도 아니고
백주대낮에
니가 왜 거·기·서 나와

제4부

당신의 하루를 기억합니다

가을 이야기

담쟁이가 허공에서 간절하게 붉었다

대문을 들어서던 찰나가

가을 하늘을 단박에 깔아뭉갰다

많은 석류나무집

죽은 시인의 사회
야생초 편지

꽃 선물

당신이
혼신을 다해 피워냈음을 표현하는 것이
꽃을 선물하는 마음입니다

당신의 하루를 기억합니다

노숙

겨울을 간신히 누리는 헐벗은 자리에
넘어가는 햇살을 한 코 한 코 잡아당긴다

저 몸피에 온기가 흐르기는 할까
홑이불 몇 장을 덮어 꽃소식도 달아준다

뒤란

쭈그려 앉은 햇살이 게을러지는 자리

북창을 두드려 유년의 부재를 확인하는 자리

까닭 없이 서러워 혼자 돌아오는 자리

여자의 여자들이 놀다 가던 자리

마루다리

넉살 좋은 털보 뱃사공이 기다릴 것 같은
마루다리

저 어여쁜 종점으로
매일 살 수 있는 오늘을 데리고 가보자

오늘은 기어코 가보자

무지개

기대하지 않은 순간에 환호성을 지르는 순간이
몇 번쯤이나 있었을까

탄성이 동그랗게 살아나는 하늘에 대고
우리는 횡재, 했다고 쓴다

바다를 타는 그네

물때마다 동네를 비우고 나다닐 때는
혼자 풍경을 타고 논다

풍경이 텃밭을 힘껏 밀어 주는 날은
먼 수평선을 데려와 바다를 타고 논다

산수유 시목지

영원이라는 꽃말을 품고
천년을 건너왔다

이제,
당신이 건너와야 할 차례다

설국

묵음의 시선을 밟으면서 걷는다
돌아보지 말자는 의지가
흑백으로 찍힌다

아,
흑백의 아름다음이여!

스며든다

미담이 사이로 스며들었으면 좋겠다

지는 해가 오래 서성이면 좋겠다

등 돌린 그대가 앉아 있으면 좋겠다

까무룩 달게 한잠 들었으면 좋겠다

여수

너무 늦기 전에 다녀가세요

출입구는 따로 없어요

여행과 기억

기억은 숨는 것이다
그냥 잊은 체할 뿐이다

여행은 오래 잊고 있던 기억을 찾아내는 일이다

여행의 정의

세상의 바깥쪽을 바라다보는 것
새로움에 낯가리지 않는 것
삶의 앞과 뒤를 새삼스럽게 방목하는 것

그 지점에
방황하는 나를 데려다 놓는 것

유월, 보리수

유월 내내 나의 언어는 마르고 있었지만
입 안 가득 싱싱한 계절이 고여왔다

그 달콤 쌉쌀한 초여름의 언어를 가득 머금었다

채송화

이쁜 짓 한다고 해맑게 웃는 아이 같은 꽃

꽃 진 자리도 꽃이 되는 꽃

까만 씨앗도 까맣게 털리는 봄별 같은 꽃

해바라기

성숙은 기다림이 끝나는 시점에 오는 것인가

혼자 사랑하기란 쉽고도 어려운 일

보고 있으면 너에게서 직립의 냄새가 난다

휴(休)

과자 한 봉지 평상 위에 깔고
여벌 옷 둘둘 말아 목침으로 베고

읽다 만 책갈피는 풍경 위에 눕고
스르르 감겨오는 눈두덩엔 시간을 덮고

물 위의 아이들

전쟁터에서도 천막학교를 세웠다는 나라의 후손이
캄보디아 수상학교 후손들을 만났다

물 위의 땅에서
아이들이 출렁출렁 크고 있었다

사람이 살고 있었네

인간의 한계는 어디까지인가
인간의 능력은 어디까지인가
인간의 편견은 어디까지인가

세컨하우스

출구와 입구가 같아서
혼자여도 길 잃어버릴 일 없을 터,

쏙 숨어들 수 있으니 제격이겠다

아직, 조금 간절합니다

초판 1쇄 인쇄 _ 2021년 9월 23일

초판 1쇄 발행 _ 2021년 9월 30일

지은이 _ 주명숙

펴낸이 _ 고영

디자인 _ 헤이존

펴낸곳 _ 문학의전당

출판등록 _ 제448-251002012000043호

주소 _ 충북 단양군 적성면 도곡파랑로 178

전화 _ 043-421-1977

전자우편 _ sbpoem@naver.com

ISBN 979-11-5896-529-7 03810

* 이 시집은 2021 전남문화재단 문예진흥기금을 지원받아 제작되었습니다.